年度　週時程表

		月	火	水			
：　～ ：							
：　～ ：							
：　～ ：	1						
：　～　：							
：　～ ：	2						
：　～ ：							
：　～ ：	3						
：　～　：							
：　～ ：	4						
：　～ ：							
：　～ ：							
：　～ ：							
：　～ ：	5						
：　～ ：							
：　～ ：							
：　～ ：							

【ペタペタボードの使い方】

巻頭のちょっと厚めの色紙ページ
（ペタペタボード）に年間を通じて
参照する一覧（各学校連絡先、
職員名簿、電話短縮番号表など）
を貼っておくと、いつでもサッと
見ることができます。

School Planning Note   2024

2024 令和6年度

4 April

日	月	火	水	木	金	土
	1	2	3	4	5	6
7	8	9	10	11	12	13
14	15	16	17	18	19	20
21	22	23	24	25	26	27
28	29	30				

5 May

日	月	火	水	木	金	土
			1	2	3	4
5	6	7	8	9	10	11
12	13	14	15	16	17	18
19	20	21	22	23	24	25
26	27	28	29	30	31	

6 June

日	月	火	水	木	金	土
						1
2	3	4	5	6	7	8
9	10	11	12	13	14	15
16	17	18	19	20	21	22
23	24	25	26	27	28	29
30						

7 July

日	月	火	水	木	金	土
	1	2	3	4	5	6
7	8	9	10	11	12	13
14	15	16	17	18	19	20
21	22	23	24	25	26	27
28	29	30	31			

8 August

日	月	火	水	木	金	土
				1	2	3
4	5	6	7	8	9	10
11	12	13	14	15	16	17
18	19	20	21	22	23	24
25	26	27	28	29	30	31

9 September

日	月	火	水	木	金	土
1	2	3	4	5	6	7
8	9	10	11	12	13	14
15	16	17	18	19	20	21
22	23	24	25	26	27	28
29	30					

10 October

日	月	火	水	木	金	土
		1	2	3	4	5
6	7	8	9	10	11	12
13	14	15	16	17	18	19
20	21	22	23	24	25	26
27	28	29	30	31		

11 November

日	月	火	水	木	金	土
					1	2
3	4	5	6	7	8	9
10	11	12	13	14	15	16
17	18	19	20	21	22	23
24	25	26	27	28	29	30

12 December

日	月	火	水	木	金	土
1	2	3	4	5	6	7
8	9	10	11	12	13	14
15	16	17	18	19	20	21
22	23	24	25	26	27	28
29	30	31				

1 January

日	月	火	水	木	金	土
			1	2	3	4
5	6	7	8	9	10	11
12	13	14	15	16	17	18
19	20	21	22	23	24	25
26	27	28	29	30	31	

2 February

日	月	火	水	木	金	土
						1
2	3	4	5	6	7	8
9	10	11	12	13	14	15
16	17	18	19	20	21	22
23	24	25	26	27	28	

3 March

日	月	火	水	木	金	土
						1
2	3	4	5	6	7	8
9	10	11	12	13	14	15
16	17	18	19	20	21	22
23	24	25	26	27	28	29
30	31					

2025 令和7年度

4 April

日	月	火	水	木	金	土
		1	2	3	4	5
6	7	8	9	10	11	12
13	14	15	16	17	18	19
20	21	22	23	24	25	26
27	28	29	30			

5 May

日	月	火	水	木	金	土
				1	2	3
4	5	6	7	8	9	10
11	12	13	14	15	16	17
18	19	20	21	22	23	24
25	26	27	28	29	30	31

6 June

日	月	火	水	木	金	土
1	2	3	4	5	6	7
8	9	10	11	12	13	14
15	16	17	18	19	20	21
22	23	24	25	26	27	28
29	30					

7 July

日	月	火	水	木	金	土
		1	2	3	4	5
6	7	8	9	10	11	12
13	14	15	16	17	18	19
20	21	22	23	24	25	26
27	28	29	30	31		

8 August

日	月	火	水	木	金	土
					1	2
3	4	5	6	7	8	9
10	11	12	13	14	15	16
17	18	19	20	21	22	23
24	25	26	27	28	29	30
31						

9 September

日	月	火	水	木	金	土
	1	2	3	4	5	6
7	8	9	10	11	12	13
14	15	16	17	18	19	20
21	22	23	24	25	26	27
28	29	30				

10 October

日	月	火	水	木	金	土
			1	2	3	4
5	6	7	8	9	10	11
12	13	14	15	16	17	18
19	20	21	22	23	24	25
26	27	28	29	30	31	

11 November

日	月	火	水	木	金	土
						1
2	3	4	5	6	7	8
9	10	11	12	13	14	15
16	17	18	19	20	21	22
23	24	25	26	27	28	29
30						

12 December

日	月	火	水	木	金	土
	1	2	3	4	5	6
7	8	9	10	11	12	13
14	15	16	17	18	19	20
21	22	23	24	25	26	27
28	29	30	31			

1 January

日	月	火	水	木	金	土
				1	2	3
4	5	6	7	8	9	10
11	12	13	14	15	16	17
18	19	20	21	22	23	24
25	26	27	28	29	30	31

2 February

日	月	火	水	木	金	土
1	2	3	4	5	6	7
8	9	10	11	12	13	14
15	16	17	18	19	20	21
22	23	24	25	26	27	28

3 March

日	月	火	水	木	金	土
1	2	3	4	5	6	7
8	9	10	11	12	13	14
15	16	17	18	19	20	21
22	23	24	25	26	27	28
29	30	31				

今年度の目標

___

そのためには…
□
....
□
....
□
....

大切にしていること・大切にしたいこと

【大切なことに時間は使えているか？　チェックしてみましょう】
自分の一日を見える化し、大切にしたい時間が確保できているかどうか見直してみましょう。
＜記入の順番＞
①出勤から退勤までの時間に何をしているか
②プライベートの時間に何をしているか
　大切にしたいことをする時間が確保できていなかったら、時間を生み出す工夫を考えます。

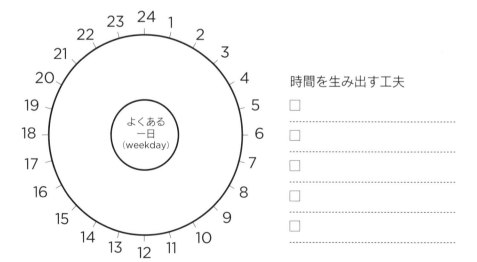

時間を生み出す工夫
□

□

□

□

□

Prologue

はじめに

これは、校長先生のための手帳です。

"学校の課題を解決し、魅力的な学校をつくりたい"

"子どもたちはもちろん、教職員の成長も叶えたい"

そんな校長先生のための手帳です。

学校のウェルビーイングを高めるために

校長先生自身の心と身体の健康や

自己実現をサポートします。

学校の課題を解決し、魅力的な学校づくりを目指す
校長のためのスケジュール管理&記録ノート

「スクール プランニング ノート」® の使い方

「スクールプランニングノート」は、学校でのスケジュール管理が1冊でできる
「秘書」のようなノートです。学校や勤務の状況に合わせて、書いたり貼ったり
自由にお使いください。

①主な行事欄

②仕事の区分
校長会／校内／地域などの
仕事をタテに並行して管理

このように矢印を使うことで
期間を「見える化」できます

6 June

		校長会	教職員	地域	その他
1	水	全道杜'行会			
2	木		Zoomにて		
3	金				
4	土			P総会 Zoom	
5	日				
6	月		学校運営指導		
7	火	前期中間考査①			
8	水	〃 ②			
9	木	〃 ③	管理職打合せ		
10	金	〃 ④		P役員会	年休13:4
11	土			P連大会	
12	日				
13	月		臨時校長会	中学訪問(1)	
14	火			連絡公議	
15	水			生指部と打合せ	〃 (2)
16	木	スマホ・ネット教室	管理職打合せ		〃 (3)
17	金		Zoom にて		
18	土				脳ドック11:0
19	日				百日写真15:3
20	月	教育実習	校長講話	職員会議	中学訪問(4)
21	火	↓			
22	水			教員面談	
23	木		管理職打合せ		
24	金		挨拶		学校説明会
25	土				
26	日				
27	月				青少年儀式会	眼科通院
28	火				
29	水	薬物乱用防止教室		臨時職会	
30	木	学祭準備	管理職打合せ		

月間計画表 (MONTHLY PLAN)

校長会、校内、地域…など「複数の仕事の進行予定」を見える化

月間計画表は、ビジネス界でよく使われているプロジェクト式と
カレンダーのW構成。
複数の仕事の進行管理と月のスケジュールを一覧できます。

今月の
例話

HINT
右上の QR コードから、時期に
合った講話の例が見られます

月	火	水	木	金	土	日
		1 先勝	2 友引 校長会 9:20〜	3 先負	4 仏滅 P総会 13:30〜	5 大安
6 赤口	7 先勝	8 友引	9 先負	10 仏滅	11 大安 P連大会 9:40〜	12 赤口
3 先勝 /学訪問 0:00〜	14 友引	15 先負 中学訪問 9:30〜	16 仏滅	17 大安 校長会 13:30〜	18 赤口	19 先勝
20 友引 /学訪問 /:00〜	21 先負	22 仏滅	23 大安	24 赤口	25 先勝	26 友引
27 先負 /学仮式会 6:00〜	28 仏滅	29 赤口	30 先勝			

6

③カレンダー
月の予定(主なもの)を記入
します

[今月の重点目標]
中学校訪問と中学生の保護者向け学校説明会に
全力を尽くす！
[リフレクション]
本校の魅力と特長について 十分伝えることが
できた → 今後さらに情報発信に努める！

④今月の重点目標
目標とリフレクションを記入

<使用例>

自由に使えるスケジュール欄と、ゆとりのある「フリーメモ・タスク」が合体

週間計画表は、たっぷり記入できるレフト式。フリーメモには気づいた
ことや伝達事項などをサッと書き留めて経営に活かせます。

① 今週の目標
学校または個人の目標を
書くスペース

② 毎日の予定
来客や出張等のスケジュール
管理に。AM/PM で分けたり、
公用 / 私用で分けたり自由に
使えます

③ 健康管理
毎日の健康状態
（体温・歩数・血圧・睡眠）を
手軽にメモ

④ 主な学校行事

June
6/6 → 12

	AM	PM
6 月　🌡 36.1 ♥ 🌙	○ 全校朝会 └ 梅雨の意味と生活 ○ 1年3組 3h授業	
7 火　🌡 36.1 ♥ 🌙	○ 校長会 (教育センター) └ 出張入力	
8 水　🌡 🌞 36.3 ♥ 🌙		企画会
9 木　🌡 🌞 36.3 ♥ 🌙	○ 施設点検 └ 施設課 5名	委員会活動 (集会委…動画撮影)
10 金　🌡 🌞 36.4 ♥ 🌙	○ 3年2組 4h授業	
11 土　🌡 🌞 ♥ 🌙		自主研 (001) 13:00
12 日　🌡 🌞 ♥ 🌙		

メモ		TODO
平3組（○○T） 3h 算数		☑企画会 資料作成
電子黒板の活用	・視認性 板書と連動	☐
発問の工夫	・取上げ方→広げる問い返し	☐
教科書と使い方	・練習問題の取組目標	☐
校長会		☐
・HP更新		☐
・若手教員育成		☐
		☐
企画会		☑自主研資料
・運動会反省		☐（心構え
・学習習慣 学習環境		☐ 論文構成
		☐ ブラッシュアップ
		☐
施設点検		☑校長会研修部資料
・床補修 ○		☐
・プール改修 ○		☐
・校庭整備 ×		☐
3年2組（○○T） 4h 理科		☑朝会講話準備
・導入の工夫	・教材研究不足	☐
・観察の視点	・自身で観たか	☐
・考える時間	・思考をつなげる発問	☐
自主研 12人参加		☐
次回 7月2日 13:00		☐
		☐
		☐
		☐
		☐
		☐

⑤フリーメモ／タスクなど
毎日の気づきや伝えたいことをメモ。授業観察や講話のネタを書き留めておくこともできます

<使用例>

年間計画表（YEARLY PLAN）

来年度まで見通せる年間ページ

年間計画表は、前年度2月から翌々年度5月までの28ヵ月分を用意しました。長期にわたる予定や定期的な予定を管理するのに適しています。

また、学校で配られる年間予定表を、このページまたは「ペタペタボード（巻頭の色紙）」に貼っておくと便利です。

経営構想（MANAGEMENT PLAN）

構想を立てるためのフリーページ

今年度の学校経営の構想を立てるための専用ページ。前半は自由な方眼ページ。図表を描いたり貼ったりするのに最適です。後半は構想をサポートするフレームワークを載せました。

フレームワークをダウンロード！

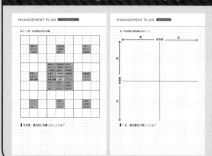

校内研修にも活用可能！

校内研修等で活用できるフレームワークをホームページからダウンロードできます。

★学事出版のホームページからフォームおよび記入例をダウンロードできます。

危機管理シミュレーション

備えあれば憂いなし！

災害が起きたとき、短時間で的確な指示を出すために、初動対応をシミュレーションするページです。緊急事態時にきっと役立ちます。

別冊・記録ノート…会議や研修などの記録はおまかせ！

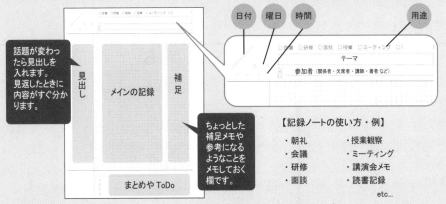

話題が変わったら見出しを入れます。
見返したときに内容がすぐ分かります。

見出し

メインの記録

補足

ちょっとした補足メモや参考になるようなことをメモしておく欄です。

まとめや ToDo

日付　曜日　時間　　　　用途

☐会議　☐研修　☐面談　☐授業　☐ミーティング　☐(　　　)
テーマ
参加者（関係者・欠席者・講師・著者 など）

【記録ノートの使い方・例】

- ・朝礼　　　　・授業観察
- ・会議　　　　・ミーティング
- ・研修　　　　・講演会メモ
- ・面談　　　　・読書記録
　　　　　　　　　　　etc…

※「別冊・記録ノート」は別売りでもお求めいただけます。（3冊セット　定価1,100円）

個人情報の取り扱いについて

① このノートの位置づけ

- ・このノートは、職務上必要な個人情報を含む「教育指導記録簿」にあたるものです。
- ・記入にあたっては、「利用目的」を明確にし、収集から利用まで計画的に行う必要があります。
- ・個人情報の保護に関する法律又は、各地方公共団体が定める個人情報保護に関する法律施行条例により、開示請求の対象になる場合があります。

② 使用上の注意

- ・ノートの使用にあたっては各教育委員会または学校で定められた文書（情報）取扱規程に従い適切に管理してください。
- ・保管しておく場所を決めておき、机の上などに置きっぱなしにしないようにしましょう。
- ・学籍や就学支援事務など特に取り扱いに注意を要する個人情報を記入するときは、他人に一目で分からないよう暗号化するなどの工夫をしましょう。
- ・「利用目的」の達成に必要な範囲を超えて個人情報を保有しないようにしましょう。

③ 使用済みのノートについて

- ・ノートを見返す必要がなくなったときは、速やかな廃棄を心がけましょう。
- ・廃棄する際は、シュレッダーを利用するなど適切な方法を用いてください。

④ 紛失・盗難にあった場合

- ・ノート自体は事務職員の個人所有物であっても、児童生徒等の個人情報は学校が所有しているものです。
- ・これらの個人情報を含む場合、盗難等による損失についても学校が責任を負う可能性が高いと考えられます。
- ・万が一、紛失または盗難にあった場合は速やかに管理職に報告し、警察に届ける必要があります。

★「教育情報セキュリティポリシーに関するガイドライン」に従って、それぞれの学校においてセキュリティポリシーを策定しましょう。

★個人情報の「保護」と「適正利用」のバランスに留意してノートをご活用ください。

ANNUAL PLAN 令和6年度（2024年—2025年）

2024

	2 FEB.	3 MAR.	4 APR.	5 MAY	6 JUN.	7 JUL.	8 AUG.
1	木	金	月	水	土	月	木
2	金	土	火	木	日	火	金
3	土	日	水	金 ○	月	水	土
4	日	月	木	土 ○	火	木	日
5	月	火	金	日 ○	水	金	月
6	火	水	土	月	木	土	火
7	水	木	日	火	金	日	水
8	木	金	月	水	土	月	木
9	金	土	火	木	日	火	金
10	土	日	水	金	月	水	土
11	日 ○	月	木	土	火	木	日 ○
12	月	火	金	日	水	金	月
13	火	水	土	月	木	土	火
14	水	木	日	火	金	日	水
15	木	金	月	水	土	月 ○	木
16	金	土	火	木	日	火	金
17	土	日	水	金	月	水	土
18	日	月	木	土	火	木	日
19	月	火	金	日	水	金	月
20	火	水 ○	土	月	木	土	火
21	水	木	日	火	金	日	水
22	木	金	月	水	土	月	木
23	金 ○	土	火	木	日	火	金
24	土	日	水	金	月	水	土
25	日	月	木	土	火	木	日
26	月	火	金	日	水	金	月
27	火	水	土	月	木	土	火
28	水	木	日	火	金	日	水
29	木	金	月 ○	水	土	月	木
30		土	火	木	日	火	金
31		日		金		水	土

○国民の祝日（2024年）　建国記念日…2月11日　天皇誕生日…2月23日　春分の日…3月20日　昭和の日…4月29日　憲法記念日…5月3日　みどりの日…5月4日　こどもの日…5月5日
（2025年）　元日…1月1日　成人の日…1月13日　建国記念日…2月11日　天皇誕生日…2月23日　春分の日…3月20日

2025

9 SEP.	10 OCT.	11 NOV.	12 DEC.	1 JAN.	2 FEB.	3 MAR.	
日	火	金	日	水 ○	土	土	1
月	水	土	月	木	日	日	2
火	木	日 ○	火	金	月	月	3
水	金	月	水	土	火	火	4
木	土	火	木	日	水	水	5
金	日	水	金	月	木	木	6
土	月	木	土	火	金	金	7
日	火	金	日	水	土	土	8
月	水	土	月	木	日	日	9
火	木	日	火	金	月	月	10
水	金	月	水	土	火 ○	火	11
木	土	火	木	日	水	水	12
金	日	水	金	月 ○	木	木	13
土	月 ○	木	土	火	金	金	14
日	火	金	日	水	土	土	15
月 ○	水	土	月	木	日	日	16
火	木	日	火	金	月	月	17
水	金	月	水	土	火	火	18
木	土	火	木	日	水	水	19
金	日	水	金	月	木	木 ○	20
土	月	木	土	火	金	金	21
日 ○	火	金	日	水	土	土	22
月 ○	水	土 ○	月	木	日 ○	日	23
火	木	日	火	金	月	月	24
水	金	月	水	土	火	火	25
木	土	火	木	日	水	水	26
金	日	水	金	月	木	木	27
土	月	木	土	火	金	金	28
日	火	金	日	水		土	29
月	水	土	月	木		日	30
	木		火	金		月	31

の日…7月15日　山の日…8月11日　敬老の日…9月16日　秋分の日…9月22日　スポーツの日…10月14日　文化の日…11月3日　勤労感謝の日…11月23日

ANNUAL PLAN 令和7年度（2025年－2026年）

2025

	4 APR.	5 MAY	6 JUN.	7 JUL.	8 AUG.	9 SEP.	10 OCT.
1	火	木	日	火	金	月	水
2	水	金	月	水	土	火	木
3	木	土○	火	木	日	水	金
4	金	日○	水	金	月	木	土
5	土	月○	木	土	火	金	日
6	日	火	金	日	水	土	月
7	月	水	土	月	木	日	火
8	火	木	日	火	金	月	水
9	水	金	月	水	土	火	木
10	木	土	火	木	日	水	金
11	金	日	水	金	月○	木	土
12	土	月	木	土	火	金	日
13	日	火	金	日	水	土	月○
14	月	水	土	月	木	日	火
15	火	木	日	火	金	月○	水
16	水	金	月	水	土	火	木
17	木	土	火	木	日	水	金
18	金	日	水	金	月	木	土
19	土	月	木	土	火	金	日
20	日	火	金	日	水	土	月
21	月	水	土	月○	木	日	火
22	火	木	日	火	金	月	水
23	水	金	月	水	土	火○	木
24	木	土	火	木	日	水	金
25	金	日	水	金	月	木	土
26	土	月	木	土	火	金	日
27	日	火	金	日	水	土	月
28	月	水	土	月	木	日	火
29	火○	木	日	火	金	月	水
30	水	金	月	水	土	火	木
31		土		木	日		金

○国民の祝日（2025年）　昭和の日…4月29日　憲法記念日…5月3日　みどりの日…5月4日　こどもの日…5月5日　海の日…7月21日　山の日…8月11日　敬老の日…9月15日　秋分の日…9月23日
（2026年）　元日…1月1日　成人の日…1月12日　建国記念の日…2月11日　天皇誕生日…2月23日　春分の日…3月20日　昭和の日…4月29日　憲法記念日…5月3日　みどりの日…5月4日

2026

11 NOV.	12 DEC.	1 JAN.	2 FEB.	3 MAR.	4 APR.	5 MAY	
土	月 ○	木 ○	日	日	水	金	1
日	火	金	月	月	木	土	2
月 ○	水	土	火	火	金	日 ○	3
火	木	日	水	水	土	月 ○	4
水	金	月	木	木	日	火 ○	5
木	土	火	金	金	月	水	6
金	日	水	土	土	火	木	7
土	月	木	日	日	水	金	8
日	火	金	月	月	木	土	9
月	水	土	火	火	金	日	10
火	木	日	水 ○	水	土	月	11
水	金	月 ○	木	木	日	火	12
木	土	火	金	金	月	水	13
金	日	水	土	土	火	木	14
土	月	木	日	日	水	金	15
日	火	金	月	月	木	土	16
月	水	土	火	火	金	日	17
火	木	日	水	水	土	月	18
水	金	月	木	木	日	火	19
木	土	火	金	金 ○	月	水	20
金	日	水	土	土	火	木	21
土	月	木	日	日	水	金	22
日 ○	火	金	月 ○	月	木	土	23
月	水	土	火	火	金	日	24
火	木	日	水	水	土	月	25
水	金	月	木	木	日	火	26
木	土	火	金	金	月	水	27
金	日	水	土	土	火	木	28
土	月	木		日	水 ○	金	29
日	火	金		月	木	土	30
	水	土		火		日	31

ポーツの日…10月13日　文化の日…11月3日　勤労感謝の日…11月23日
どもの日…5月5日

MANAGEMENT PLAN

＊経営構想を立てるためのフリーページです。学校の基本情報（児童生徒数、教職員数、
　学力状況、研究指定等）や、自治体の重点目標等を控えておきましょう。

MANAGEMENT PLAN

＊経営構想を立てる際には、学校評価を参考にするほか、児童生徒、教職員、保護者、
　地域の方々などの願いや思いも聞き取り、書き留めておきましょう。

MANAGEMENT PLAN

FAVORITE THINGS & FINE RECORDINGS

好きなもの・好きな言葉

FAVORITE BOOKS

FAVORITE WORDS/SONGS

FAVORITE TIMES

OTHER THINGS

達成したこと・嬉しかったことなど

3

1 金					
2 土					
3 日					
4 月					
5 火					
6 水					
7 木					
8 金					
9 土					
10 日					
11 月					
12 火					
13 水					
14 木	ホワイトデー				
15 金					
16 土					
17 日					
18 月					
19 火					
20 水	春分の日				
21 木					
22 金					
23 土					
24 日					
25 月					
26 火					
27 水					
28 木					
29 金					
30 土					
31 日					

月	火	水	木	金	土	日
				1 先負	2 仏滅	3 大安
4 赤口	5 先勝	6 友引	7 先負	8 仏滅	9 大安	10 友引
11 先負	12 仏滅	13 大安	14 赤口	15 先勝	16 友引	17 先負
18 仏滅	19 大安	20 赤口	21 先勝	22 友引	23 先負	24 仏滅
25 大安	26 赤口	27 先勝	28 友引	29 先負	30 仏滅	31 大安

3

［今月の重点目標］

［リフレクション］

4

2024
令和 6 年

April

日付					
1 月					
2 火					
3 水					
4 木					
5 金					
6 土					
7 日					
8 月					
9 火					
10 水					
11 木					
12 金					
13 土					
14 日					
15 月					
16 火					
17 水					
18 木					
19 金					
20 土					
21 日					
22 月					
23 火					
24 水					
25 木					
26 金					
27 土					
28 日					
29 月	昭和の日				
30 火					

月	火	水	木	金	土	日
1 赤口	2 先勝	3 友引	4 先負	5 仏滅	6 大安	7 赤口
8 先勝	9 先負	10 仏滅	11 大安	12 赤口	13 先勝	14 友引
15 先負	16 仏滅	17 大安	18 赤口	19 先勝	20 友引	21 先負
22 仏滅	23 大安	24 赤口	25 先勝	26 友引	27 先負	28 仏滅
29 大安	30 赤口					

［今月の重点目標］

［リフレクション］

5

日付				
1 水				
2 木				
3 金	憲法記念日			
4 土	みどりの日			
5 日	こどもの日			
6 月	振替休日			
7 火				
8 水				
9 木				
10 金				
11 土				
12 日	母の日			
13 月				
14 火				
15 水				
16 木				
17 金				
18 土				
19 日				
20 月				
21 火				
22 水				
23 木				
24 金				
25 土				
26 日				
27 月				
28 火				
29 水				
30 木				
31 金				

今月の例話

5

月	火	水	木	金	土	日
		1 先勝	2 友引	3 先負	4 仏滅	5 大安
6 赤口	7 先勝	8 仏滅	9 大安	10 赤口	11 先勝	12 友引
13 先負	14 仏滅	15 大安	16 赤口	17 先勝	18 友引	19 先負
20 仏滅	21 大安	22 赤口	23 先勝	24 友引	25 先負	26 仏滅
27 大安	28 赤口	29 先勝	30 友引	31 先負		

［今月の重点目標］

［リフレクション］

6

2024
令和6年
June

1 土				
2 日				
3 月				
4 火				
5 水				
6 木				
7 金				
8 土				
9 日				
10 月				
11 火				
12 水				
13 木				
14 金				
15 土				
16 日	父の日			
17 月				
18 火				
19 水				
20 木				
21 金				
22 土				
23 日				
24 月				
25 火				
26 水				
27 木				
28 金				
29 土				
30 日				

今月の
例話

6

月	火	水	木	金	土	日
					1 仏滅	2 大安
3 赤口	4 先勝	5 友引	6 大安	7 赤口	8 先勝	9 友引
10 先負	11 仏滅	12 大安	13 赤口	14 先勝	15 友引	16 先負
17 仏滅	18 大安	19 赤口	20 先勝	21 友引	22 先負	23 仏滅
24 大安	25 赤口	26 先勝	27 友引	28 先負	29 仏滅	30 大安

［今月の重点目標］

［リフレクション］

7

1 月					
2 火					
3 水					
4 木					
5 金					
6 土					
7 日	七夕				
8 月					
9 火					
10 水					
11 木					
12 金					
13 土					
14 日					
15 月	海の日				
16 火					
17 水					
18 木					
19 金					
20 土					
21 日					
22 月					
23 火					
24 水					
25 木					
26 金					
27 土					
28 日					
29 月					
30 火					
31 水					

今月の例話

月	火	水	木	金	土	日
1 赤口	2 先勝	3 友引	4 先負	5 仏滅	6 赤口	7 先勝
8 友引	9 先負	10 仏滅	11 大安	12 赤口	13 先勝	14 友引
15 先負	16 仏滅	17 大安	18 赤口	19 先勝	20 友引	21 先負
22 仏滅	23 大安	24 赤口	25 先勝	26 友引	27 先負	28 仏滅
29 大安	30 赤口	31 先勝				

7

[今月の重点目標]

[リフレクション]

8

2024
令和 6 年

August

1 木				
2 金				
3 土				
4 日				
5 月				
6 火				
7 水				
8 木				
9 金				
10 土				
11 日	山の日			
12 月	振替休日			
13 火				
14 水				
15 木				
16 金				
17 土				
18 日				
19 月				
20 火				
21 水				
22 木				
23 金				
24 土				
25 日				
26 月				
27 火				
28 水				
29 木				
30 金				
31 土				

月	火	水	木	金	土	日
			1 友引	2 先負	3 仏滅	4 先勝
5 友引	6 先負	7 仏滅	8 大安	9 赤口	10 先勝	11 友引
12 先負	13 仏滅	14 大安	15 赤口	16 先勝	17 友引	18 先負
19 仏滅	20 大安	21 赤口	22 先勝	23 友引	24 先負	25 仏滅
26 大安	27 赤口	28 先勝	29 友引	30 先負	31 仏滅	

8

［今月の重点目標］

［リフレクション］

9

1 日				
2 月				
3 火				
4 水				
5 木				
6 金				
7 土				
8 日				
9 月				
10 火				
11 水				
12 木				
13 金				
14 土				
15 日				
16 月	敬老の日			
17 火				
18 水				
19 木				
20 金				
21 土				
22 日	秋分の日			
23 月	振替休日			
24 火				
25 水				
26 木				
27 金				
28 土				
29 日				
30 月				

月	火	水	木	金	土	日
						1 大安
2 赤口	3 友引	4 先負	5 仏滅	6 大安	7 赤口	8 先勝
9 友引	10 先負	11 仏滅	12 大安	13 赤口	14 先勝	15 友引
16 先負	17 仏滅	18 大安	19 赤口	20 先勝	21 友引	22 先負
23 仏滅	24 大安	25 赤口	26 先勝	27 友引	28 先負	29 仏滅
30 大安						

9

［今月の重点目標］

［リフレクション］

10

2024
令和6年
October

1 火					
2 水					
3 木					
4 金					
5 土					
6 日					
7 月					
8 火					
9 水					
10 木					
11 金					
12 土					
13 日					
14 月	スポーツの日				
15 火					
16 水					
17 木					
18 金					
19 土					
20 日					
21 月					
22 火					
23 水					
24 木					
25 金					
26 土					
27 日					
28 月					
29 火					
30 水					
31 木	ハロウィン				

今月の例話

月	火	水	木	金	土	日
	1 赤口	2 先勝	3 先負	4 仏滅	5 大安	6 赤口
7 先勝	8 友引	9 先負	10 仏滅	11 大安	12 赤口	13 先勝
14 友引	15 先負	16 仏滅	17 大安	18 赤口	19 先勝	20 友引
21 先負	22 仏滅	23 大安	24 赤口	25 先勝	26 友引	27 先負
28 仏滅	29 大安	30 赤口	31 先勝			

10

[今月の重点目標]

[リフレクション]

11

日付					
1 金					
2 土					
3 日	文化の日				
4 月	振替休日				
5 火					
6 水					
7 木					
8 金					
9 土					
10 日					
11 月					
12 火					
13 水					
14 木					
15 金	七五三				
16 土					
17 日					
18 月					
19 火					
20 水					
21 木					
22 金					
23 土	勤労感謝の日				
24 日					
25 月					
26 火					
27 水					
28 木					
29 金					
30 土					

今月の例話

月	火	水	木	金	土	日
				1 仏滅	2 大安	3 赤口
4 先勝	5 友引	6 先負	7 仏滅	8 大安	9 赤口	10 先勝
11 友引	12 先負	13 仏滅	14 大安	15 赤口	16 先勝	17 友引
18 先負	19 仏滅	20 大安	21 赤口	22 先勝	23 友引	24 先負
25 仏滅	26 大安	27 赤口	28 先勝	29 友引	30 先負	

11

［今月の重点目標］

［リフレクション］

12

1 日					
2 月					
3 火					
4 水					
5 木					
6 金					
7 土					
8 日					
9 月					
10 火					
11 水					
12 木					
13 金					
14 土					
15 日					
16 月					
17 火					
18 水					
19 木					
20 金					
21 土					
22 日					
23 月					
24 火					
25 水	クリスマス				
26 木					
27 金					
28 土					
29 日					
30 月					
31 火	大晦日				

今月の例話

月	火	水	木	金	土	日
						1 大安
2 赤口	3 先勝	4 友引	5 先負	6 仏滅	7 大安	8 赤口
9 先勝	10 友引	11 先負	12 仏滅	13 大安	14 赤口	15 先勝
16 友引	17 先負	18 仏滅	19 大安	20 赤口	21 先勝	22 友引
23 先負	24 仏滅	25 大安	26 赤口	27 先勝	28 友引	29 先負
30 仏滅	31 赤口					

12

［今月の重点目標］

［リフレクション］

1

2025
令和 7 年

January

1 水	元日				
2 木					
3 金					
4 土					
5 日					
6 月					
7 火					
8 水					
9 木					
10 金					
11 土					
12 日					
13 月	成人の日				
14 火					
15 水					
16 木					
17 金					
18 土					
19 日					
20 月					
21 火					
22 水					
23 木					
24 金					
25 土					
26 日					
27 月					
28 火					
29 水					
30 木					
31 金					

月	火	水	木	金	土	日
		1 先勝	2 友引	3 先負	4 仏滅	5 大安
6 赤口	7 先勝	8 友引	9 先負	10 仏滅	11 大安	12 赤口
13 先勝	14 友引	15 先負	16 仏滅	17 大安	18 赤口	19 先勝
20 友引	21 先負	22 仏滅	23 大安	24 赤口	25 先勝	26 友引
27 先負	28 仏滅	29 先勝	30 友引	31 先負		

1

［今月の重点目標］

［リフレクション］

2

1 土					
2 日					
3 月					
4 火					
5 水					
6 木					
7 金					
8 土					
9 日					
10 月					
11 火	建国記念の日				
12 水					
13 木					
14 金	バレンタインデー				
15 土					
16 日					
17 月					
18 火					
19 水					
20 木					
21 金					
22 土					
23 日	天皇誕生日				
24 月	振替休日				
25 火					
26 水					
27 木					
28 金					

今月の例話

月	火	水	木	金	土	日
					1 仏滅	2 大安
3 赤口	4 先勝	5 友引	6 先負	7 仏滅	8 大安	9 赤口
10 先勝	11 友引	12 先負	13 仏滅	14 大安	15 赤口	16 先勝
17 友引	18 先負	19 仏滅	20 大安	21 赤口	22 先勝	23 友引
24 先負	25 仏滅	26 大安	27 赤口	28 友引		

2

［今月の重点目標］

［リフレクション］

3

2025
令和 7 年

March

1 土					
2 日					
3 月					
4 火					
5 水					
6 木					
7 金					
8 土					
9 日					
10 月					
11 火					
12 水					
13 木					
14 金	ホワイトデー				
15 土					
16 日					
17 月					
18 火					
19 水					
20 木	春分の日				
21 金					
22 土					
23 日					
24 月					
25 火					
26 水					
27 木					
28 金					
29 土					
30 日					
31 月					

今月の例話

月	火	水	木	金	土	日
					1 先負	2 仏滅
3 大安	4 赤口	5 先勝	6 友引	7 先負	8 仏滅	9 大安
10 赤口	11 先勝	12 友引	13 先負	14 仏滅	15 大安	16 赤口
17 先勝	18 友引	19 先負	20 仏滅	21 大安	22 赤口	23 先勝
24 友引	25 先負	26 仏滅	27 大安	28 赤口	29 先負	30 仏滅
31 大安						

3

［今月の重点目標］

［リフレクション］

4

2025
令和 7 年

April

1	火				
2	水				
3	木				
4	金				
5	土				
6	日				
7	月				
8	火				
9	水				
10	木				
11	金				
12	土				
13	日				
14	月				
15	火				
16	水				
17	木				
18	金				
19	土				
20	日				
21	月				
22	火				
23	水				
24	木				
25	金				
26	土				
27	日				
28	月				
29	火	昭和の日			
30	水				

月	火	水	木	金	土	日
	1 赤口	2 先勝	3 友引	4 先負	5 仏滅	6 大安
7 赤口	8 先勝	9 友引	10 先負	11 仏滅	12 大安	13 赤口
14 先勝	15 友引	16 先負	17 仏滅	18 大安	19 赤口	20 先勝
21 友引	22 先負	23 仏滅	24 大安	25 赤口	26 先勝	27 友引
28 仏滅	29 大安	30 赤口				

［今月の重点目標］

［リフレクション］

4/1 → 7

1 月				

2 火				

3 水				

4 木				

5 金				

6 土				

7 日				

4

4/8 → 14

8 月			

9 火			

10 水			

11 木			

12 金			

13 土			

14 日			

4

4/15 → 21

15
月

16
火

17
水

18
木

19
金

20
土

21
日

4

4/22 → 28

22 月			
23 火			
24 水			
25 木			
26 金			
27 土			
28 日			

4/29 → 5/5

29 昭和の日
月

30
火

1
水

2
木

3 憲法記念日
金

4 みどりの日
土

5 こどもの日
日

5/6 → 12

6 振替休日 月				
7 火				
8 水				
9 木				
10 金				
11 土				
12 母の日 日				

5

5/13 → 19

13
月

14
火

15
水

16
木

17
金

18
土

19
日

May

5/20 → 26

20
月

21
火

22
水

23
木

24
金

25
土

26
日

5

May June

5/27 → 6/2

27
月

28
火

29
水

30
木

31
金

1
土

2
日

6/3 → 9

3
月

4
火

5
水

6
木

7
金

8
土

9
日

6

June

6/10 → 16

10
月

11
火

12
水

13
木

14
金

15
土

16 父の日
日

6

17 月				

18 火				

19 水				

20 木				

21 金				

22 土				

23 日				

6

6/24 → 30

24
月

25
火

26
水

27
木

28
金

29
土

30
日

6

July

7/1 → 7

1
月

2
火

3
水

4
木

5
金

6
土

7 七夕
日

July

7/8 → 14

8
月

9
火

10
水

11
木

12
金

13
土

14
日

7/15 → 21

15 海の日 月				
16 火				
17 水				
18 木				
19 金				
20 土				
21 日				

7

7/22 → 28

22
月

23
火

24
水

25
木

26
金

27
土

28
日

29 月			

30 火			

31 水			

1 木			

2 金			

3 土			

4 日			

8/5 → 11

5 月				
6 火				
7 水				
8 木				
9 金				
10 土				
11 日 山の日				

8

8/12 → 18

12 振替休日 月			
13 火			
14 水			
15 木			
16 金			
17 土			
18 日			

8

August

8/19 → 25

19
月

20
火

21
水

22
木

23
金

24
土

25
日

August September

8/26 → 9/1

26
月

27
火

28
水

29
木

30
金

31
土

1
日

September

9/2 → 8

2 月			

3 火			

4 水			

5 木			

6 金			

7 土			

8 日			

9/9 → 15

9
月

10
火

11
水

12
木

13
金

14
土

15
日

September

9/16 → 22

16 敬老の日 月			

17 火			

18 水			

19 木			

20 金			

21 土			

22 秋分の日 日			

9

9/23 → 29

23 月	振替休日			
24 火				
25 水				
26 木				
27 金				
28 土				
29 日				

September   October

9/30 → 10/6

30
月

1
火

2
水

3
木

4
金

5
土

6
日

10/7 → 13

7 月				

8 火				

9 水				

10 木				

11 金				

12 土				

13 日				

☐
☐
☐
☐
☐
☐
☐
☐
☐
☐
☐
☐
☐
☐
☐

☐
☐
☐
☐
☐
☐
☐
☐
☐
☐
☐
☐
☐
☐
☐

October

10/14 → 20

14 スポーツの日
月

15
火

16
水

17
木

18
金

19
土

20
日

10

10/21 → 27

21
月

22
火

23
水

24
木

25
金

26
土

27
日

10

October   November
10/28 → 11/3

28
月

29
火

30
水

31 ハロウィン
木

1
金

2
土

3 文化の日
日

10/11

11/4 → 10

4 月 振替休日				

5 火				

6 水				

7 木				

8 金				

9 土				

10 日				

11

11 /11 → 17

11
月

12
火

13
水

14
木

15 七五三
金

16
土

17
日

11 /18 → 24

18
月

19
火

20
水

21
木

22
金

23 勤労感謝の日
土

24
日

11

November December

11/25 → 12/1

25
月

26
火

27
水

28
木

29
金

30
土

1
日

11/12

December

12/2 → 8

2
月

3
火

4
水

5
木

6
金

7
土

8
日

12/9 → 15

9
月

10
火

11
水

12
木

13
金

14
土

15
日

December

12/16 → 22

16
月

17
火

18
水

19
木

20
金

21
土

22
日

23
月

24
火

25　クリスマス
水

26
木

27
金

28
土

29
日

December   January

12/30 → 1/5

30
月

31 大晦日
火

1 元日
水

2
木

3
金

4
土

5
日

12/1

January

1/6 → 12

6 月			

| 7 火 | | | |

| 8 水 | | | |

| 9 木 | | | |

| 10 金 | | | |

| 11 土 | | | |

| 12 日 | | | |

1

January

1/13 → 19

13 月 成人の日			
14 火			
15 水			
16 木			
17 金			
18 土			
19 日			

January

1/20 → 26

20
月

21
火

22
水

23
木

24
金

25
土

26
日

1

January   February

1/27 → 2/2

27
月

28
火

29
水

30
木

31
金

1
土

2
日

☐
☐
☐
☐
☐
☐
☐
☐
☐
☐
☐
☐
☐
☐
☐
☐
☐
☐
☐
☐
☐
☐
☐
☐
☐
☐
☐
☐
☐
☐
☐

February

2/3 → 9

3 月			
4 火			
5 水			
6 木			
7 金			
8 土			
9 日			

2

February

2/10 → 16

10
月

11　建国記念の日
火

12
水

13
木

14　バレンタインデー
金

15
土

16
日

2

2/17 → 23

17 月				

18 火				

19 水				

20 木				

21 金				

22 土				

23 日 天皇誕生日				

2

February　　　　March

2/24 → **3**/2

24 振替休日 月				

25 火				

26 水				

27 木				

28 金				

1 土				

2 日				

March

3/3 → 9

| 3 月 | | | | |

3
月

4
火

5
水

6
木

7
金

8
土

9
日

3

3/10 → 16

10 月			

11 火			

12 水			

13 木			

14 ホワイトデー 金			

15 土			

16 日			

3

3/17 → 23

17
月

18
火

19
水

20 春分の日
木

21
金

22
土

23
日

3/24 → 30

24
月

25
火

26
水

27
木

28
金

29
土

30
日

3

March　April

3/31 → 4/6

31
月

1
火

2
水

3
木

4
金

5
土

6
日

☐

☐

☐

☐

☐

☐

☐

☐

☐

☐

☐

☐

☐

☐

☐

☐

☐

☐

☐

☐

☐

☐

☐

☐

☐

☐

☐

☐

3/4

危機管理シミュレーション

災害が起きたとき、短時間で的確な指示を出すために、対応をシミュレーションしましょう。
学校の立地や環境から想定される災害、人命に関わるような事件や事故への初動対応をここに書き留めておくことで、緊急事態発生時にきっと役立ちます。

が起きたとき

まずはこうする！

その際…気を付けること、配慮することなど

次にこうする！

その際…

そしてこうする！

その際…

緊急事態収束後は…

その際…

<学校における危機の例>

　大地震/校舎内火災/体育の授業中の事故/校外学習中の交通事故/下校中の犯罪

　不審者の侵入/子どもの熱中症/アレルギーによるショック症状/感染症の集団感染

　虐待の発覚/いじめの発覚/不登校の兆候/個人情報の流出　など

```
┌─────────────────────────────┐
│                             │   が起きたとき
└─────────────────────────────┘
```

まずはこうする！

> その際…気を付けること、配慮することなど

↓

次にこうする！

> その際…

↓

そしてこうする！

> その際…

緊急事態収束後は…

> その際…

＊　ページの端にマーカーでラインを
　　引いておくと目印になります。➡

[   ] が起きたとき

まずはこうする！

その際…

↓

次にこうする！

その際…

↓

そしてこうする！

その際…

緊急事態収束後は…

その際…

が起きたとき

まずはこうする！

その際…

次にこうする！

その際…

そしてこうする！

その際…

緊急事態収束後は…

その際…

時候のあいさつ

	あいさつ
1月	新春の候、初春の候、迎春の候、孟春の候、芳春の候、うららかな初日の光を仰ぎ、穏やかに年が明け、寒さ厳しき折から、冬晴れの空が美しい季節となりました、風花の舞う季節となりました、星も凍るような寒い夜、本格的な寒さとなりました、雪晴れの青空がまぶしい候
2月	立春の候、向春の候、梅花の候、晩冬の候、解氷の候、寒さもそろそろやわらいでまいりました、梅のつぼみもふくらみはじめ、梅花もほころび、梅花の候、梅のつぼみもそろそろふくらむころ、梅の香りが漂う頃となりました、うぐいすの初音に春の訪れを感じるころ、ふきのとうが春を告げる季節となりました
3月	春分の候、早春の候、春色の候、春暖の候、麗日の候、軽暖の候、早春の候、春暖の候、若草萌ゆる候、寒さも緩み、春寒しだいに緩み、日増しに暖かさを増し、つぼみも膨らむころ、桃の蕾もふくらみ、桜前線の待ち遠しい今日この頃、花の便りもあちらこちらから聞こえてきました、野山の花に春を感じる今日この頃
4月	陽春の候、仲春の候、春粧の候、春風の候、春和の候、春日の候、花信の候、春爛漫の候、春暖の候、春もたけなわとなりました、満開の花に心も浮き立つ今日この頃、うららかに春風も心地よい頃、うららかな好季節を迎え、うららかな春日和の頃、花もいつしか過ぎて葉桜の季節、若草もえる季節
5月	新緑の候、薫風の候、晩春の候、青葉の候、立夏の候、若葉の目にしみる候、葉桜の候、向暑の候、季春の候、風薫る今日このごろ、緑も深い青葉のころとなり、風薫る季節を迎え、新緑の色増す季節、五月晴れの好季節となり
6月	初夏の候、向夏の候、長雨の候、向夏の候、夏至の候、麦秋の候、入梅の候、深緑の候、青葉の候、紫陽花の咲く季節になりました、日の光も青く、木々の緑も深みを増して、日ごとに暑さが増す折、紫陽花が雨に映えるこの季節、さわやかな初夏を迎えました
7月	盛夏の候、炎暑の候、大暑の候、真夏の候、向暑の候、仲夏の候、猛暑の候、日ごとに暑さが増してまいりましたが、緑の木陰が心地よい季節になりました、梅雨も明け夏の太陽がまぶしいこの季節、夏空の青さがまぶしいこの頃、暑中お伺い申し上げます
8月	晩夏の候、残暑の候、盛夏の候、新涼の候、立秋の候、秋初の候、秋暑の候、残暑厳しい折、土用あけの暑さは厳しく、残暑きびしい毎日がつづいております、暦の上ではもう秋、空の色もいつしか秋めき、朝夕の風に心地よさを感じる頃
9月	新秋の候、初秋の候、新涼の候、早秋の候、日増しに秋も深まり、すがすがしい秋晴れが続きますが、朝夕はずいぶん涼しくなりました、鈴虫の音が美しいこの頃、こおろぎの声が聞こえる今日この頃、初秋の空の高く爽やかな季節
10月	清秋の候、紅葉の候、仲秋の候、錦秋の候、秋雨の候、爽秋の候、菊花の候、さわやかな好季節、秋気肌にしみ、木々の葉も色づいてまいりました、菊薫る季節となり、秋もようやく深まってまいりました、稲も豊かにみのり
11月	晩秋の候、深秋の候、暮秋の候、落葉の候、季秋の候、立冬の候、向寒の候、初霜の候、初冬の候、秋も深くなり、紅葉の美しい季節となりました、秋も日に日に深くなってまいりました、小春日和の今日この頃、菊薫る今日の頃、冬の気配が近々と感じられるこの頃、初雪の便りが聞かれる季節となりました
12月	初冬の候、師走の候、寒冷の候、霜夜の候、歳末のみぎり、寒気厳しきおり、ちらちらと粉雪が舞うこの季節、師走の風が身にしみる今日このごろ、ポインセチアの花が目立つ季節となりました、真白な霜柱が立ち寒さが身にしみわたるようです

年齢早見表 （2024 年）

令和6年（平成36年 昭和99年 大正113年）

生年	年齢	西暦	干支	生年	年齢	西暦	干支	生年	年齢	西暦	干支	生年	年齢	西暦	干支	生年	年齢	西暦	干支	生年	年齢	西暦	干支
大正12年	101	1923	癸亥	昭和18年	81	1943	癸未	昭和39年	60	1964	甲辰	昭和60年	39	1985	乙丑	平成17年	19	2005	乙酉				
13	100	1924	甲子	19	80	1944	甲申	40	59	1965	乙巳	61	38	1986	丙寅	18	18	2006	丙戌				
14	99	1925	乙丑	20	79	1945	乙酉	41	58	1966	丙午	62	37	1987	丁卯	19	17	2007	丁亥				
15	98	1926	丙寅	21	78	1946	丙戌	42	57	1967	丁未	63	36	1988	戊辰	20	16	2008	戊子				
昭和元年	98	1926	丙寅	22	77	1947	丁亥	43	56	1968	戊申	64	35	1989	己巳	21	15	2009	己丑				
2	97	1927	丁卯	23	76	1948	戊子	44	55	1969	己酉	平成元年	35	1989	己巳	22	14	2010	庚寅				
3	96	1928	戊辰	24	75	1949	己丑	45	54	1970	庚戌	2	34	1990	庚午	23	13	2011	辛卯				
4	95	1929	己巳	25	74	1950	庚寅	46	53	1971	辛亥	3	33	1991	辛未	24	12	2012	壬辰				
5	94	1930	庚午	26	73	1951	辛卯	47	52	1972	壬子	4	32	1992	壬申	25	11	2013	癸巳				
6	93	1931	辛未	27	72	1952	壬辰	48	51	1973	癸丑	5	31	1993	癸酉	26	10	2014	甲午				
7	92	1932	壬申	28	71	1953	癸巳	49	50	1974	甲寅	6	30	1994	甲戌	27	9	2015	乙未				
8	91	1933	癸酉	29	70	1954	甲午	50	49	1975	乙卯	7	29	1995	乙亥	28	8	2016	丙申				
9	90	1934	甲戌	30	69	1955	乙未	51	48	1976	丙辰	8	28	1996	丙子	29	7	2017	丁酉				
10	89	1935	乙亥	31	68	1956	丙申	52	47	1977	丁巳	9	27	1997	丁丑	30	6	2018	戊戌				
11	88	1936	丙子	32	67	1957	丁酉	53	46	1978	戊午	10	26	1998	戊寅	31	5	2019	己亥				
12	87	1937	丁丑	33	66	1958	戊戌	54	45	1979	己未	11	25	1999	己卯	令和元年	5	2019	己亥				
13	86	1938	戊寅	34	65	1959	己亥	55	44	1980	庚申	12	24	2000	庚辰	2	4	2020	庚子				
14	85	1939	己卯	35	64	1960	庚子	56	43	1981	辛酉	13	23	2001	辛巳	3	3	2021	辛丑				
15	84	1940	庚辰	36	63	1961	辛丑	57	42	1982	壬戌	14	22	2002	壬午	4	2	2022	壬寅				
16	83	1941	辛巳	37	62	1962	壬寅	58	41	1983	癸亥	15	21	2003	癸未	5	1	2023	癸卯				
17	82	1942	壬午	38	61	1963	癸卯	59	40	1984	甲子	16	20	2004	甲申	6	0	2024	甲辰				

注）年齢は誕生日以後の満年齢です。
誕生日前の年齢数は上表年齢より1をひいてください。

国民の祝日　2024年度

昭和の日	4月 29日	敬老の日	9月 16日	元日	1月 1日
憲法記念日	5月 3日	秋分の日	9月 22日	成人の日	1月 13日
みどりの日	5月 4日	スポーツの日	10月 14日	建国記念の日	2月 11日
こどもの日	5月 5日	文化の日	11月 3日	天皇誕生日	2月 23日
海の日	7月 15日	勤労感謝の日	11月 23日	春分の日	3月 20日
山の日	8月 11日				

5月6日、8月12日、9月23日、11月4日は振替休日

2月24日は振替休日

二十四節気　2024年度

清明	4月 4日	大暑	7月 22日	立冬	11月 7日	小寒	1月 5日
穀雨	4月 19日	立秋	8月 7日	小雪	11月 22日	大寒	1月 20日
立夏	5月 5日	処暑	8月 22日	大雪	12月 7日	立春	2月 3日
小満	5月 20日	白露	9月 7日	冬至	12月 21日	雨水	2月 18日
芒種	6月 5日	秋分	9月 22日			啓蟄	3月 5日
夏至	6月 21日	寒露	10月 8日			春分	3月 20日
小暑	7月 6日	霜降	10月 23日				

住所録

	TEL／FAX／E-Mail／MOBILE		ADDRESS
NAME	TEL	MOBILE	〒
	FAX	E-Mail	
勤務先	TEL	MOBILE	〒
	FAX	E-Mail	
NAME	TEL	MOBILE	〒
	FAX	E-Mail	
勤務先	TEL	MOBILE	〒
	FAX	E-Mail	
NAME	TEL	MOBILE	〒
	FAX	E-Mail	
勤務先	TEL	MOBILE	〒
	FAX	E-Mail	
NAME	TEL	MOBILE	〒
	FAX	E-Mail	
勤務先	TEL	MOBILE	〒
	FAX	E-Mail	
NAME	TEL	MOBILE	〒
	FAX	E-Mail	
勤務先	TEL	MOBILE	〒
	FAX	E-Mail	
NAME	TEL	MOBILE	〒
	FAX	E-Mail	
勤務先	TEL	MOBILE	〒
	FAX	E-Mail	

	TEL／FAX／E-Mail／MOBILE		ADDRESS
NAME	TEL	MOBILE	〒
	FAX	E-Mail	
勤務先	TEL	MOBILE	〒
	FAX	E-Mail	
NAME	TEL	MOBILE	〒
	FAX	E-Mail	
勤務先	TEL	MOBILE	〒
	FAX	E-Mail	
NAME	TEL	MOBILE	〒
	FAX	E-Mail	
勤務先	TEL	MOBILE	〒
	FAX	E-Mail	
NAME	TEL	MOBILE	〒
	FAX	E-Mail	
勤務先	TEL	MOBILE	〒
	FAX	E-Mail	
NAME	TEL	MOBILE	〒
	FAX	E-Mail	
勤務先	TEL	MOBILE	〒
	FAX	E-Mail	
NAME	TEL	MOBILE	〒
	FAX	E-Mail	
勤務先	TEL	MOBILE	〒
	FAX	E-Mail	

スクールプランニングノート®
シリーズのラインナップ

〈本冊〉学校の先生&職員のためのスケジュール管理&記録ノート。

教師向け

Aタイプ
小学校教師向け
B5サイズ ※限定色あり

定価2,310円（税込）
授業・クラスの予定や児童の毎日の記録を手軽に。

Bタイプ
中学・高校教師向け
B5サイズ ※限定色あり
定価2,310円（税込）
授業の計画・変更を手元でスマートに管理。

Uタイプ
ユニバーサル
A4サイズ
定価3,080円（税込）
自由度の高いデザインでどんな時間割にも対応。

管理職向け

Mタイプ
教頭・副校長・教務主任向け
B5サイズ

定価2,860円（税込）
学校管理職の広範囲にわたる業務を効率化。

Pタイプ
校長向け
A5サイズ

定価3,300円（税込）
毎日のスケジュール管理から経営計画、危機管理までこれ1冊で！

➕ 本冊と組み合わせて使える〈別冊ノート〉

A5サイズ / B5サイズ
別冊・記録ノート
〈3冊セット〉
定価1,100円（税込）
会議や研修の記録はおまかせ！

B5サイズ
別冊・名簿ノート
〈単品〉
定価495円（税込）
出欠席や成績・提出物管理に！

B5サイズ

別冊・授業計画ノート
〈3冊セット〉
定価1,100円（税込）
指導略案や授業計画を手軽に！

B5サイズ

別冊・児童生徒個別記録ノート
〈2冊セット〉
定価1,100円（税込）
個人票と面談の記録を一元化！

事務職員向け

Jタイプ
A5サイズ
学校事務職員向け

定価2,420円（税込）
学校事務職員の仕事をよりスムーズに。

好評発売中
スクールプランニングノート公式ガイドブック2

定価1,760円（税込）
全国の先生がスクールプランニングノートをどのように使っているかを大調査。さらに効率が上がる使い方を一挙公開！

詳しくは学事出版公式サイトへ

※「スクールプランニングノート」は学事出版株式会社の登録商標です。

詳しくは、「学事出版」ホームページをご覧ください。ご注文もできます。 https://www.gakuji.co.jp

学事出版　千代田区神田神保町1-2-5　TEL03-3518-9016　FAX 0120-655-514